AF241207

LA CONVERSION

BRÛLONS

LE

GRAND-LIVRE

PAR

GUSTAVE FOULD

ancien député

PRIX : **50** CENTIMES

PARIS

LIBRAIRIE MODERNE

JULES LECUIR & Cie

17, BOULEVARD MONTMARTRE

1878

LA CONVERSION

BRÛLONS
LE
GRAND-LIVRE

PAR

GUSTAVE FOULD

ancien député

PRIX : **50** CENTIMES

PARIS
LIBRAIRIE MODERNE
JULES LECUIR & Cie

17, BOULEVARD MONTMARTRE

—

1878

BRÛLONS

LE GRAND-LIVRE

Conversion de rentes. — Opération qui consiste à réduire l'intérêt de la Dette Publique consolidée, en convertissant, par exemple, sous l'offre d'un remboursement immédiat, le 5 0/0 en 4 1/2 ou en 4 0/0. — Les gouvernements peuvent se servir de ce moyen pour réduire dans des temps prospères où le crédit est large, l'intérêt des emprunts faits dans des temps moins favorables.

(Dictionnaire de l'Economie politique.)

I

En publiant les réflexions que me suscitent les projets de conversion qui agitent en ce moment notre marché, je crois remplir un devoir, je crois surtout faire acte de sage prévoyance.

D'abord, je déplore que certains esprits voient dans cette question purement économique une complication politique.

Les partis hostiles au régime actuel ne manqueront pas de saisir cette occasion de trouble. Ils s'agitent vainement, c'est vrai, mais enfin ils paralysent, ils retardent notre marche vers le progrès.

Les intérêts financiers doivent-ils être subordonnés absolument à la politique ?

S'il en était ainsi, l'industrie, l'agriculture, le commerce n'auraient plus qu'à se croiser les bras ; les travailleurs n'auraient plus qu'à se mettre en grève et à attendre l'effondrement général.

Nous avons un problème à résoudre; c'est affaire de mathématicien et non d'homme d'État.

Des chiffres et non des thèses sociales, voilà ce que nous avons à examiner, à discuter.

Bien que patronnée par nos sommités politiques, bien que le gouvernement semble la vouloir faire accepter en quelque sorte comme une économie *patriotique,* à mon sens, la conversion est une erreur, et je le dis.

Du moins, je la crois dangereuse, quant à présent, et ce que je me propose, c'est d'en montrer les inconvénients; plus tard, dans des temps plus propices, elle sera, peut-être, avantageuse et je serai le premier à la demander; pour le moment, je le répète, je ne la vois pas possible.

On me crie que l'on fait le jeu des réactionnaires en combattant la conversion, eh bien ! c'est le contraire précisément que je me propose de démontrer; certains comprennent autrement que moi les intérêts de la République, il est permis de ne pas voir de la même façon qu'eux et de penser qu'ils se trompent. C'est par-dessus tout mon attachement au régime actuel qui me pousse à rechercher de quel côté est le rêve, de quel côté est la réalité.

II

Le Gouvernement a le droit absolu, prévu d'ailleurs à l'émission, de réduction dans une ère de prospérité; il aurait aujourd'hui intérêt à exercer ce droit, car le cours du 5 0/0 le fait bénéficier de l'écart avec le pair.

L'élévation du taux de cette valeur devait, on le conçoit, faire surgir inévitablement ces idées de conversion qui prennent chaque jour plus de consistance.

Remarquons que ce sont toujours les mêmes grands tripoteurs qui, à certaines époques, font surgir ces fantômes financiers dont l'apparition effraye toujours ceux qu'on n'a pas mis dans le secret, et les force à jeter à leurs pieds ce qu'ils ont dans les mains pour se sauver plus sûrement. Je ne veux point désigner autrement les auteurs de ces coups de Bourse, je suis certain que leurs noms viendront sur toutes les lèvres.

On suppose un bénéfice pour l'État d'une réalisation facile, et des projets différents ont été mis en avant.

Celui qui semble prévaloir jusqu'à présent est celui d'une conversion du 5 0/0 en 3 0/0 amortissable.

Ce mode a toutes les apparences d'une opération avantageuse pour l'État et pour le public, mais il suffit d'un court examen pour en découvrir et la fragilité et l'impopularité.

En effet, l'État donnerait, par exemple, en échange de chaque 5 francs de rente du 3 0/0 amortissable à l'émission de 75 francs, c'est-à-dire du 4 0/0, soit 1 0/0 de différence, dont une moitié représente les 35,000,000 francs de bénéfice, et l'autre moitié la somme nécessaire pour le service de l'amortissement du nouveau 3 0/0. Opération tout à fait préjudiciable aux porteurs de ce fonds d'État. On prétend qu'ils gagneront sur la négociation des titres une prime largement compensatrice ; la chose probable, certaine même, c'est qu'ils perdront la différence résultant de l'abaissement inévitable des cours.

III.

Ouvrons les yeux et voyons si la prospérité actuelle de la France dont on fait un argument en faveur de la conversion est vraiment telle qu'on veut la représenter.

Certes la situation est aussi excellente qu'on la peut désirer, la nation s'est rapidement relevée, elle est redevenue maîtresse d'elle-même; mais elle a besoin de se consolider encore, de s'affermir et de s'affirmer.

La République est bien définitivement établie; cependant tous les esprits n'en sont pas également convaincus et leurs doutes se fondent, non sans quelque apparence de raison, sur l'agitation que suscitent les menées, les attaques, les conspirations, les espérances des partis composant la réaction. Parbleu! je reconnais leur impuissance, mais leurs agissements n'en occasionnent pas moins encore aujourd'hui une certaine inquiétude.

C'est ainsi qu'on croit l'entourage clérical du maréchal assez fort pour peser sur les destinées de la République, et cela suffit, cette stupide appréhension rend le capital craintif; un petit nuage noir, et le voilà tout à fait alarmé.

Donc, la prospérité n'est, à un certain point de vue, que relative et restera telle jusqu'au renouvellement du Sénat, époque à laquelle la constitution de la République sera pour tous, même pour ses ennemis les plus acharnés, un fait désormais indiscutable; jusque-là, les espérances de la réaction jetteront dans les affaires une gêne réelle.

IV

Il est évident que, pendant la session de novembre, les Chambres, entièrement occupées de résolutions urgentes demeurées en souffrance, ayant encore le budget à voter avant le 1ᵉʳ janvier, on ne songera même pas à mettre à l'étude un plan quelconque de conversion, jamais cette grosse question ne trouvera place dans les ordres du jour ; par conséquent, quoi qu'on veuille et qu'on fasse, elle ne saurait se présenter à la Chambre des députés qu'après les élections sénatoriales : or, cela nous conduit jusqu'en février.

Il semble qu'alors le Sénat constitué avec une majorité républicaine, tout devra marcher comme sur des roulettes, mais des mains criminelles y viendront jeter encore des bâtons.

Non ! on n'en aura pas fini avec les partis vaincus ; il nous restera un passif à liquider, et cela n'aura pas lieu sans quelque perturbation.

Nous entrevoyons pour ce moment critique des tempêtes que le vaisseau de la République traversera sans avaries, mais non sans que l'équipage ne pousse des cris d'alarme.

Pour commencer cette période d'implacable justice et de complète réparation, on aura à régler les comptes du ministère du 16 mai ; la gauche a pris à cet égard un engagement formel.

Ce règlement de compte créera au maréchal une situation inextricable, et ce n'est pas avec des charges de cuirassiers qu'il parviendra à s'échapper. Qu'on en juge : en somme il couvrait de sa responsabilité personnelle les hommes du 16 mai ; se croira-t-il obligé de les soutenir jusqu'au bout, ou bien les abandonnera-t-il ; quelle sera son attitude en face d'une alternative aussi embarrassante ? Quel que soit le parti qu'il prenne, d'une façon comme de l'autre, il ne trouvera rien de mieux qu'une solution militaire, il demandera selon toute apparence à sortir de la place avec les honneurs de la guerre, musique en tête, étendard déployé.

Ce sera peut-être bien, après tout, le seul moyen de conserver son *commandement*, car, pour éviter des complications dont les conséquences pourraient être graves, on le priera de rester jusqu'à l'époque de l'expiration de ses pouvoirs, qu'il n'exercera plus, pour ainsi dire, que platoniquement.

Voilà l'heure de la conversion singulièrement reculée, et si elle doit jamais sonner ce ne sera, au plus tôt, qu'après l'élection présidentielle, c'est-à-dire en 1881.

V.

Et puis, si nous jetons un regard au delà de nos frontières, pouvons-nous répondre d'une longue sécurité ? Qui oserait affirmer que le Congrès de Berlin soit une bien sérieuse garantie de l'équilibre européen, peut-être plus menacé que jamais ?

Mais, sans être autrement pessimiste, voyant même les choses sous leur meilleur jour, n'y a-t-il pas lieu de se préoccuper un peu des mécontentements que fera surgir la mise en pratique d'un plan quelconque de conversion ?

Les conversions qui ont été faites dans le passé ne portaient pas sur une dette aussi considérable que notre dette actuelle.

Sous la Restauration, le tiers consolidé fut pour ainsi dire considéré comme une sorte d'arrangement entre débiteur et créanciers.

Plus tard, les deux conversions qui eurent lieu sous l'Empire furent une grosse préoccupation pour le ministre qui les accomplit. J'étais là, assez près, pour m'en rendre compte. Mon père, dans sa grande prévoyance financière, avait trouvé moyen de faire économie pour l'État, mais il tremblait, quoique en donnant tout avantage aux porteurs de 4 1/2, de ne pas voir l'opération réussir à souhait.

Les rentiers acceptant l'opération touchaient même une soulte, ce qui n'aurait pas lieu aujourd'hui.

Enfin elle se fit, mais elle eut encore des récalcitrants, car, on voit cette valeur à la cote, elle reste entre les mains de gens qui ont refusé de convertir leurs titres.

Et dernièrement, lorsque le 5 0/0 baissait de 50 centimes, nous avons vu l'ancien 4 1/2 0/0, non converti, monter de 95 centimes.

Ajoutons qu'aujourd'hui il s'agit d'une dette bien plus formidable, et dont les possesseurs sont innombrables, aussi bien dans les villes que dans les campagnes.

Dans combien de millions de mains, en effet, tant françaises qu'étrangères, sont disséminés les titres, fractionnés à l'infini, de notre 5 0/0. La dépréciation que font déjà subir à cette valeur les bruits sur la prochaine transformation n'est-elle pas de nature à soulever une certaine animosité contre le Gouvernement, qui, par son silence, par son attitude, s'en fait en quelque sorte le complice?

Si l'incertitude porte un coup funeste aux cours, que fera la décision quand on la connaîtra?

J'ouvre une parenthèse pour placer ici une simple observation :

Le socialisme, dont on nous fait un épouvantail, a chez nous un ennemi qui le réduit à l'état de fantôme inoffensif, et c'est précisément notre rente; notre rente. qui a pénétré jusque dans les plus petites demeures, ce qui permet de dire aujourd'hui qu'en France la fortune publique est entre les mains du peuple et qu'elle est bien gardée.

On voit quelles bourses la conversion toucherait.

Or, ce n'est pas le moment, à la veille des élections sénatoriales, de soulever contre lui des malédictions, de lui susciter des entraves, de fournir des armes à ses adversaires, de grossir, quand chaque jour ils vont s'éclaircissant, les rangs des ennemis de la République.

Voyez déjà comme les bruits de conversion ont atteint le 5 0/0; on a eu en quinze jours une baisse de 5 francs; on nous prédit déjà le cours de 106 francs; en prenant de la consistance, ces bruits accentueront le mouvement; enfin, s'ils venaient à se réaliser, tous les porteurs intelligents de notre dernier emprunt liquideraient sans retard un bénéfice qui s'élève presque à un tiers du capital, afin de profiter par la suite, lors de la création d'un 3 0/0 amortissable, de la plus-value qui aurait lieu, soit par des manœuvres habiles du Trésor et des gros bonnets de la finance, soit, dans l'avenir, par la prospérité croissante du pays.

Maintenant, examinons une hypothèse qui n'a rien que de très-normal.

Le Gouvernement, usant de son droit, annonce la conversion sous l'offre d'un remboursement au pair, et voilà tous les porteurs de titres refusant de convertir ; il les fait en ce cas rembourser et, pour le pouvoir, on est forcé d'avoir recours à un nouvel emprunt qui s'effectuera naturellement au-dessous de 100 francs.

Donc, on tourne absolument dans un cercle vicieux.

VI

Telles sont les raisons militant en faveur de ceux qui veulent reculer la conversion au delà de 1880 ; elle n'est absolument pas réalisable avant cette époque et les bruits mis en circulation, serait-ce même dans une bonne intention, avec la conviction sincère de faire bien, ne peuvent qu'égarer l'opinion publique sans profit même à ceux qui s'en font les propagateurs.

Enfin à qui, en ce moment, reviendraient les bénéfices de cette conversion ? — A la masse des petits porteurs de rentes ? Ils y perdront, ni plus ni moins, un dixième de leurs revenus. Alors qui donc bénéficierait de l'opération ? — Ne le comprend-on pas de prime abord ? — Aux spéculateurs seulement, aux agioteurs de la corbeille, qui, préparés aux éventualités, en tireraient tout ce qu'elle pourrait produire, et cela au détriment des rentiers qui ont, eux, les titres en poche.

C'est donc la spéculation que l'on favoriserait par la conversion, au préjudice de celui qui a, en toute confiance, déposé son épargne dans les caisses de l'État.

Démasquer ces manœuvres, lutter contre ce déplorable système, c'est prendre le parti du faible contre le fort, c'est défendre la probité contre la duperie.

Voilà quel serait le résultat de cette machination financière, et il n'est pas vraiment digne d'un gouvernement républicain de favoriser, sous le couvert d'intérêts publics, une spéculation qui atteindrait des intérêts privés considérables d'une façon aussi scandaleuse.

Peut-être y aurait-il un moyen de concilier les intérêts de tous, et de faire en même temps les affaires de l'État. Je crois en avoir trouvé un bon, très-pratique, très-équitable et ne pouvant soulever la moindre récrimination, et c'est ce qui fait l'objet de cette étude.

VII

La solution que je viens proposer me paraît plus pratique, plus simple et plus avantageuse.

Elle consiste en un impôt sur la rente, impôt d'ailleurs très-minime.

On m'arrêtera de suite pour me faire observer que je m'attaque au revenu et qu'une pareille mesure ne saurait être bien accueillie, et que, de plus, lors du vote de l'emprunt, il a été arrêté qu'il ne serait jamais imposé. A cette dernière objection je répondrai qu'il s'agit bien plus, en réalité, d'un amortissement que d'un impôt, et qu'en ce cas une loi peut le fixer.

Et puis qu'aurait-il donc, cet impôt, de plus rigoureux que les autres, que ces nombreux impôts indirects qui, toute proportion gardée bien entendu, pèsent plus lourdement sur le prolétaire que sur le riche ?

**

Tournons un instant nos yeux de l'autre côté de l'Atlantique; nous y voyons un pays libre, l'Amérique, frappant ses propres valeurs d'un impôt relativement très-fort et que supporte seul le rentier ; là, tous les efforts des économistes politiques tendent à soulager le budget de l'État en ménageant le pauvre autant que possible ; ils demandent de l'argent à celui qui en a.

Aussi les États-Unis ont-ils en peu de temps ramené leur dette, si considérablement grossie pa une longue guerre, à un niveau normal.

L'Italie, une puissance qui, financièrement parlant, n'est pas des mieux assises, a fortement imposé la rente, et le taux, loin de fléchir, s'est au contraire, depuis, élevé assez considérablement.

Ce n'est donc pas à l'étranger que l'on ira chercher des arguments contre mon système.

***

Va-t-on nous faire remarquer que nous avons toujours eu une caisse d'amortissement ?

Je répondrai que cette caisse n'était rien moins que dérisoire, car l'argent qu'on y versait en sortait toujours dans les moments critiques, ou seulement même lorsqu'il pouvait venir en aide à une de ces combinaisons mystérieuses qui, soit par raison d'État, soit par raison... privée, restaient toujours ignorées du public.

En république, les choses ne peuvent pas se passer avec le même sans-gêne.

Il me semble que pour être logique, — et c'est l'A, B, C de tout gouvernement qui s'appuie sur la souveraineté du peuple, — une administration républicaine doit de préférence demander à celui qui possède plutôt qu'à celui qui n'a rien.

On m'objectera qu'imposer la rente, c'est atteindre le crédit de l'État.

Mais l'expérience est déjà faite en partie ; les valeurs de bourse ne sont-elles pas imposées; les industries, les sociétés financières ont-elles souffert de cette mesure?

Nous voyons, au contraire, ces valeurs soutenir tout aussi bien leurs cours, et beaucoup même, celles qui offrent des garanties d'avenir, progressent journellement; l'impôt ne les touche pas le moins du monde.

Ce n'est pas quand chaque année l'impôt se réalise avec de

fortes augmentations qui ont déjà permis de dégrever les contribuables, qu'on sera fondé de venir demander à la Rente de soulager le budget au moyen d'une conversion.

Et, au surplus, qu'est-ce que la conversion, sinon une contribution déguisée, en quelque sorte indirecte, puisque cela revient ni plus ni moins à prendre aux rentiers un dixième de leur revenu, comme je l'ai déjà dit plus haut.

Eh bien, pourquoi ne pas faire la chose franchement?

Au lieu de créer un 3 0/0 amortissable donnant une économie de 35 millions par an, ne serait-il pas plus simple de diminuer chaque trimestre la dette publique, de l'éteindre peu à peu ?

Supposons donc un impôt de *dix centimes* par *cinq francs de rente*; soit 1 franc pour mille; serait-il énorme ? Certes, personne ne s'insurgerait pour si peu. Pourtant cela suffirait à anéantir la dette existante de 7 milliards en 5 0/0 dans une période de 81 ans et six mois, en prenant pour base le pair, 100 francs; en 89 ans si l'on remboursait sur le cours de 110 francs, et en 97 ans sur celui de 120 francs; c'est-à-dire à peine deux générations

Nous voilà, par conséquent, bien loin de l'impôt détourné d'un dixième sur le revenu et qui résulterait de la conversion.

Mais ce que je propose est mieux qu'un amortissement, c'est une annulation.

Le produit de cet impôt de *dix centimes* serait affecté au rachat immédiat d'une équivalente quantité de rente dont les titres ainsi retirés seraient détruits.

C'est là ce que j'appellerai :

BRULER LE GRAND—LIVRE.

Et, inévitable résultat de cet état de choses, au fur et à mesure que la rente se fera plus rare, le taux s'élèvera très-sensiblement.

Cette opération ne compromet aucun intérêt, elle ne soulèverait pas le moindre mécontentement, et il est de toute évidence qu'elle ne pourrait qu'améliorer le crédit de l'État.

Comme ma proposition est tout à fait raisonnable et économique, je doute qu'on la prenne en considération.

Ce n'est pas cet espoir, ce n'est pas cette ambition qui me guident en publiant cette brochure; les esprits sages, j'aime à le croire, partageront mes idées : ce sera déjà pour moi une satisfaction grande et dont je me contente d'avance.

IMPRIMERIE CENTRALE DES CHEMINS DE FER. — A. CHAIX ET Cie,
RUE BERGÈRE, 20, A PARIS. — 13476-8-

IMPRIMERIE CENTRALE DES CHEMINS DE FER. — A. CHAIX ET Cie,
RUE BERGÈRE, 20, A PARIS. — 13588-8.